# Duermevela

María de la O Merino

# Duermevela

·EDICIONES·PÁNGEA·

Primera edición: septiembre de 2025

Del texto: © María de la O Merino

De esta edición: © Ediciones Pangea, 2025
41720 Los Palacios y Villafranca, Sevilla
www.edicionespangea.com

Edición al cuidado de José Peña Fierro
Diseño de cubierta: Adrián Elías Rangel Vanegas

ISBN: 979-13-990177-3-1
Depósito Legal: SE 1706-2025
Impresión: Ulzama Digital
Impreso en España / *Printed in Spain*

*A mis padres, Eulalia y José,*
*de quienes recibí la vida y la palabra.*

«Me fascina revisar viejas fotos y tratar de ponerme tras los ojos de mi yo de antes. Casi nunca lo consigo».

M. Merino

«Haz todo lo posible por ser tan feliz que no sepas si vives o estás soñando».

S. González

Las sombras de las ramas del árbol que está junto a mi balcón trazan un baile enigmático sobre la pared del fondo. El viento mueve las hojas y estas danzan, proyectando un juego de luces y sombras frente a mí, ocasional testigo de tan singular espectáculo. La fiebre incipiente produce un efecto casi fantasmagórico en este movimiento desordenado, el cual me transporta a un mundo onírico donde lo improbable cobra sentido. La frente me arde, el viento arrecia afuera y yo me sumerjo en aquel tiempo en que el dolor tan solo era algo pasajero.

# Primera parte
## Soñar hacia dentro

De pequeña, tus brazos
eran mi cuna
de amor y música.

Tu calor teñía la casa
de una luz calmada,
paz inmensa.

Con los años he aprendido
a encontrarte
en cada detalle
que me rodea.

Un olmo longevo,
una efímera campanilla,
el inabarcable firmamento,
una concha diminuta y frágil.

A ratos
vuelvo a ser la niña
acunada en arrullos.

Despierta bajo las sábanas,
con los ojos cerrados,
un mundo que ya no está
permanece en mí,
conserva su olor.

Por momentos miro y es como ver
por un cristal cubierto
con gotas de lluvia,
distingo los contornos,
los detalles aparecen difusos.

El insomnio
es ver a ciegas.

Las palabras que callo
se me revuelven
como hijas malhabladas
a quienes castigo
sin cenar.

Se hacen parte de mí,
de mi no cuerpo,
como niñas
no nacidas.

Se transforman
en vacío y depresión,
oscuridad
sin posibilidad de sanar.

Salvo en la escritura.

Me llaman la loca
porque
quise abandonar mi casa,
soñar en otra lengua.

Si digo
lo que se espera,
soy siempre dócil,

buena hija,
me llamarán
cuerda.

Prefiero estar loca
cuando la cordura
es falsedad.

A veces me gusta ir
al mar y contarle
mis cosas.

A veces el rumor del agua
parece mantener conmigo
una conversación.

A veces no ocurre
nada especial.

A veces vuelvo a casa
con la sensación
de ser escuchada
por un viejo amigo.

A veces tan solo debo
soltar las preocupaciones
frente al agua y dejar
que el salitre me cure.

Le di mi amor
un día de octubre
frío y nublado,
y lo desechó
igual que un árbol
se deshace de sus hojas.

De haber escogido
el mes de mayo,
¿habría florecido
nuestro amor
como retoño que brota
en primavera?

A más de tres mil kilómetros
de distancia,
en calles de nombres
impronunciables,
refinados restaurantes
y noches de témpano,
mis cómplices
amistades primeras
vienen a poblarme
junto a la incondicionalidad
de mi madre.

Eye conmigo
tras cada caída,
sala de urgencias.

Ana jugando
a ser mi pareja,
patio de instituto.

Mamá y su brazo quebrado
el día que partí
por primera vez.

Calles por las que soñé
vivir detrás
de sus balcones,
bares donde busqué
cariño,
noches en las que fingí
felicidad.

Aliño de papas y sardinas asadas
en la memoria.

Por la tele,
asesinatos de mujeres
a manos de sus parejas.
Almuerzo familiar.
El regreso es siempre un espejismo.

A mí,
a la que miento,
como miento a todos.

Compañera
en las batallas perdidas,
a la que a veces amo,
con frecuencia maltrato
y casi nunca escucho.


A esa que mira tras el espejo
y aguarda que la imagen que recibe
algún día la refleje.

Los sueños
aparentan la vida:
una camisa recién
lavada
oliendo a flores,
una bandada
de pájaros
a punto de partir.

Escribo
en soledad
aunque es con los demás
que mis textos
cobran sentido.

En la lectura
me repliego;
es cuando escribo
que contengo
multitudes.

Como respiro:
así necesito
escribir.

Cuando todo está oscuro,
junto a tu cuerpo dormido
me da por crear.

En la noche
todo es silencio.

Tú descansas,
nuestro piso descansa, mudo.

Sueño despierta
otra vida.

Escucho desde la cama
el reloj de pared,
desde el salón anuncia
el paso del tiempo.

Las gotas de lluvia
chocan
contra el cristal de la ventana.
A lo lejos,
una solitaria sirena se abre paso
entre las calles desiertas.

Me pregunto
adónde van los sueños
que no consiguen
dormirse.
Acaso comparten la suerte
de los bebés
que no han nacido.

Tierra de clima inhóspito,
cálida en amigos.

Segunda patria, segunda casa.

País extraño, hogar.

Poemas susurrados
al oído
por extraños,
caminos inventados
        recorridos
al azar.

La vida brota
        donde menos
se la espera.

Mañana
solo quedará
el recuerdo.

Hoy mi sueño
es verdad.

Este silencio
dentro de mí
se hace cada día más pequeño.

¿Es la soledad
una maldición
o una promesa?

El secreto de mi alma
se abre como camino
cuajado
de breves hallazgos.

A veces abro mis diarios,
los álbumes antiguos
y recupero
por unos instantes
el lugar donde el juego
era la vida
y el dolor,
la raspadura de una rodilla
contra el suelo.

Como un pájaro
en la estación
como una margarita
tras un cristal.

Como un adulto
con flotador
como una guerra
sin terminar.

En el espejo
un rastro de ti
tus ojos avisan
que ya no estás.

Y entre mis dedos
esbozo versos
que lanzo al aire
y nadie verá.

Permanecer tumbada
al sol.

Escuchar las olas en otoño,
la lluvia caer,
el aullar del viento.

A veces
el placer de una pausa
es toda la diferencia.

Vientre,
único lugar
donde me atrevo a ser
sin disfrazarme,
donde lloro de alegría inmensa
o río triste
por lo más nimio.

Donde planeo nuevos rumbos,
al que deseo volver
cuando termina el día.

Aquí puedo decir
que es donde
amo y me aman
como jamás creí capaz.

Donde soy
en pocas palabras.
El escondite
desde el que lamo
mis heridas.

Esta que habito
no será nunca mi casa.

La nieve y el viento
me separan
de mi origen.

Extraño la claridad del sol,
su descarada presencia.

Los paisajes
confluyen, ante mis ojos,
mientras se separan entre sí
inevitables.

En medio, yo:
atrapada entre opuestos,
así vivo.

¿Acaso no es la vida
un dilema constante?
El mío es este:
adaptarme o volver.

En mi ciudad
las palomas se reúnen,
picotean las migajas
de las calles,
ensucian balcones,
entretienen a los niños
en los parques.

Aquí
los cuervos,
en parejas o solitarios,
graznan desde el árbol
frente a mi balcón,
me miran con sus ojos
que anuncian invierno.

También las grullas
emigrarán este otoño
al sur.

Yo
aquí me quedo.

Infinita, soy esta arena,
este copo de nieve,
esta gota de mar.
Todas las cosas habitan en mí
como yo, humilde y eterna,
habito en ellas.

Cerámica en la plaza,
*Flohmarkt* de barrio,
paseos y callejones,
helados y pasteles.

Encuentros inesperados,
tesoros entre adornos inútiles,
trastos viejos
olvidados por sus dueños.

La primavera tiene sabor
a *Rhabarberkuchen* en un patio
y a carreras de niños
en bicicletas con ruedines.

La vida es una tarde de domingo.

El invierno se extiende
interminable
tan al norte.

Sueño despierta
con el fruto de mi árido
vientre.

El exilio es mi destino
y el de los hijos
que la vida me niega.

Las olas me abrazan
como lo hacía mamá,
sin límite,
sabiéndome suya.

El agua me envuelve
y lloro.
Me fundo con el océano.

El llanto a veces
es el único camino
hacia el recuerdo.

La vida las quebró:
mi madre,
mi abuela,
mis tías.

La pena
entre olivares,
enfermedad sin nombre
y entierros a deshora.

El pan duro de posguerra,
el luto precoz,
la ausencia en la mirada.

Cada vida
una fractura mal curada,
una brecha por donde
escapa
la alegría.

Tus manos acariciando
mis pies.
Las veladas charlando
con hermanas del alma,
vino y risas,
alguna lágrima.

Los aquelarres poéticos
conjurando palabras
junto a comadres
que comparten saberes.

Un paseo por el bosque en mayo.
Caminar a la orilla del mar
en invierno,
el viento haciendo travesuras
en mi pelo.

El olor de lentejas de mamá
en nuestra cocina de Greifswald.
El recuerdo de los coquitos
por Pascua de la abuela.
Saberme escuchada siempre
por mi hermana.

El roce del pincel,
el garabateo de mi pluma,
el tintineo de las agujas al tejer,
la lana que se enreda,
la última página que guarda
sabor a despedida.

Duermo.
El mundo se apaga mientras tanto.
Desconecto la mente,
el corazón sigue latiendo.
Afuera nieva.

Más frío de lo normal.
Dentro, mi manta
y el sofá,
madriguera protectora,
me envuelven
y me acogen en esta tarde.

Hace mucho que oscureció.
Unas velas
y una pequeña lámpara
dan luz a la habitación.
Nadie más que yo ocupa la sala.
El libro ha quedado abierto
sobre mi pecho.

Felicidad absoluta,
velada de sábado otoñal.

Ausencia:
aquella que nos queda
cuando ya no queda nada,
la que nos aguarda inesperada
en cada esquina del camino,
a cada paso
que vamos dando.

A la que no logro esquivar
por más que tema,
la que conservo
en aumento con los años,
todas las pérdidas y su amargo regusto,
la sola cosa que dejaré atrás
cuando me haya ido.

El aire dulzón
de las rosas marchitas
me habla de ti,
la cama deshecha
me habla de ti,
las copas a medias
me hablan de ti.

La cortina corrida
me habla de ti,
el cuaderno anotado
me habla de ti,
las llaves devueltas
me hablan de ti.

Acallarlos,
fracasada labor
de toda una vida.

Hoy nevó,
blanco todo.
Mañana es primavera
y el cielo no lo sabe.

Desacompasada belleza.

# Segunda parte
## Entresueños

Hoy llovió
y el aire cubierto de nubes
me sonreía.

Los cuervos
se resguardaban
en las copas
de los abedules
y graznaban su saludo
a mi paso.

El mar y el cielo
eran uno solo,
grises y oscuros
como tus ojos.

La naturaleza entera
lanzaba un canto
de gratitud y gozo
por la frescura
del anhelado regalo.

De verde se llenó
mi mirada,
la verde promesa
de futuro.

Te busco
a tientas
con los dedos.
Te llamo en silencio.
Y llegas
arrugando la nariz
a modo
de sonrisa.

El amor de mi vida llegó
como llega todo lo inesperado:
sin avisar,
como de casualidad.

El amor de mi vida se instaló
en mí y en mis cosas
con la intensidad
de su mirada azul.

El amor de mi vida permanecerá
conmigo más allá
del tiempo y del espacio
que disfrutemos juntos.

El amor de mi vida...

Laberinto de recuerdos
es tu sonrisa
cuando se prende
en mí.

Remolino de sentimientos
me recorre
la espalda
al pensarte.

Envolvente
es tu presencia,
tu silencio
clavado en mi piel.

Infinito
es mi deseo,
como arena
besada por el mar.

Tu cuerpo desnudo.
Otra respiración
        junto a mi almohada.
Tu mano apretando la mía.


La compra del súper de a dos
largos desayunos de domingo
        noches compartidas de sofá
y manta.


Me da miedo despertar
una mañana
        y corroborar mi sospecha
de que todo ha sido
un sueño.

Ratoncitos
me roen
las puntas de los pies
cuando te miro.

Ratoncitos
corretean
por mi estómago
si me abrazas.

Ratoncitos
menean sus bigotes
en mi piel
cuando me besas.

Ratoncitos
me acompañan,
calladitos,
todo el tiempo que paso contigo.

Miro
negro
todo
noche
afuera
blanco
frío
dentro
tu cuerpo
respira
te toco
sin ver.
Eso basta.

La poesía surge
desde la sombra de un árbol
en nuestra ventana
cuando duermes a mi lado.

El calendario
se tiñe
de calabaza.
Las velas comienzan
a prenderse tras los cristales.
Busco el abrigo
como los niños,
un abrazo
que me resguarde
del inminente invierno.

Yo también digo
nada
cuando me pasa algo.

Me guardo mis
proyectiles dentro,
mi respuesta es una sonrisa.

Yo también sé callar.

El rumor de los coches
en la avenida,
el trino de los gorriones
envuelven tu rítmica respiración.

Duermes.
Insomnio.
Un nuevo día.

Me quedo aquí
como una sombra borrosa
de lo que tuvimos
tú te vas
y empiezo a morir.

Luna llena
vientre hinchado
dolor y sangre.

No deseas tocarme.

Te apartas
de mi intimidad.

Celebro tu huida
lanzando mi aullido
hacia la luna llena
que nos contempla.

Si me abro en todos
mis puntos perdidos,
tú me acoges y me das refugio
sintiendo lo mismo
que yo escondo,
sonriéndome.

Si me oculto en tus pliegues,
tú me buscas,
me das alcance.

Con tus labios.

Cuando tú no estés
y el invierno se instale
en mi casa,
los cuervos,
única compañía,
vendrán
a picotear a nuestro jardín
y nadie
tratará de ahuyentarlos.

Cuando tú no estés
y el sol se esconda
de mi horizonte,
las nubes, espesas
y amenazando lluvia,
vendrán a nuestro tejado
para no marchar.

Cuando tú no estés
y el frío y la soledad
sean realidad
cotidiana,
quién me abrazará
de noche antes de dormir
como tú ahora.

En algunos rincones
aguardo a que
          brujas o duendes
y otros personajes de cuentos
aparezcan de improviso.

Ayer sin ir más lejos
          juraría haberme topado
con el bosque de Hansel y Gretel.

Casi reconocí a uno de los hermanos
          escondidos
entre la arboleda
lanzándome un guiño furtivo.

Nublado hoy,
así, gris y plomizo.

Las nubes no
han desaparecido
del todo.

Al menos
cuento con tu sonrisa.

Mi cuerpo es gaviota,
se reconcilia
con la naturaleza plena.

Surca el aire
atravesando bahías,
acercándome a las estrellas.

En ti me detengo.

Te doy las gracias.

Tercera parte
# Soñar hacia fuera

Puerto y salitre en agosto,
algas y sal en los labios,
gofres con chocolate y fresa.

Libros sin estrenar,
cuadernos en blanco,
el regusto del otoño.

Nata de roscón de Reyes,
mantecados de limón,
navidad y polvorones.

Dulzura de coquitos por Pascua
en la cocina de la abuela,
torrijas chorreando miel.

Nubes de algodón de feria,
almendras garrapiñadas,
churros con chocolate y turrón.

Sabor de un tiempo que pasó
veloz y lento a la vez
y que nunca se irá del todo.

Ahí,
en la cabecera
de mi cama
parece
que me cuidas
como si velaras
mi sueño.

*Es solo*
*un muñeco de trapo,*
dicen
y es justo ese
tu escudo,
tu arma de defensa.

Tú y yo sabemos
—lo tenemos
comprobado—
que el único poder
reside
en la ternura.

Esta noche me despido:
camino del sur
me marcho.

Volveré con más historias,
diferentes vivencias.

Allá adelante aguarda
la ilusión sin fin,
el anhelado reencuentro.

Atrás queda la añoranza,
la melancolía,
por lo que está tan lejos.

Por un tiempo se unirán
de forma breve
deseo y realidad en un abrazo.

La cansina marcha del reloj
en el salón,
su estruendo de segundos
—apenas un rumor durante el día—.

Tú duermes justo enfrente.
No consigo oír
tu acompasada respiración:
el eco de las manillas lo inunda todo.

Disfruto del incompleto
aislamiento,
del sosegado avance
de la noche.

Me pregunto
en qué andarás soñando
allá donde jamás
puedo alcanzarte.

No voy a levantarme y calmar
la sed que ahora me invade.

Algo magnético,
casi cautivador, hipnótico,
encuentro en este transcurrir
del tiempo que percibo
como un temblor de pasos
que se alejan.

Cuántas horas tenemos,
amor mío,
cuántos minutos
ya nos quedan.
Siento un frío temor,
una constancia,
de invierno acechante,
de soledad perpetua.

Estaba sin estar.
Perdida, cansada,
infeliz,
y llegaste tú
con tu tímida sonrisa
y tus ojos como de mar
en invierno,
y ocurrió una chispa,
un pequeño temblor
que lo cambió todo.
Desde entonces,
he recuperado mi voz
tras el fondo gris azulado
del mar de tu mirada.

Me sabes
a mar y a cielo,
a playa a fines
de septiembre,
a tardes de verano
en vacaciones.

Me hueles
a pétalo en flor,
a sábanas frescas,
a canela en rama,
a pasteles recién
sacados del horno.

Te escucho
y oigo el murmullo
del río en los guijarros,
el sonido de las gaviotas
remontando el vuelo,
el susurro del viento
entre las hojas de los pinares.

Te veo
y contemplo la calma

del firmamento
en una noche estrellada,
el equilibrio del bosque
en cada cambio de estación.

Te toco
y es como tocar
la arena de la playa,
cálida e infinita,
como acariciar
una ola que rompe
contra la orilla.

Siempre estarás
en todas estas cosas
que me rodean
y me unen a ti
incluso cuando
te hayas ido.

Si no existieras,
te convocaría en versos
para reunirme contigo
en cada rima de mis poemas.

Somos uno:
esto que ves
no es más
que el reflejo
de ti mismo
en otro cuerpo.
Todos somos
un solo ser,
encarnados
de manera
diferente.

Cuando aún no te conocía,
mi sueño era encontrarme contigo.
Ahora que estamos juntos,
la vida se parece
a un sueño recurrente
del que jamás desearía despertar.

Estamos vivos,
y ese es regalo
más que suficiente
en estos días.

Deseo paz y calma
y amor a raudales
que inunden nuestra casa
y nuestros corazones.

El mayor obsequio
es tu sonrisa azul,
y tu abrazo,
refugio del frío
desarraigo.

Que no pasen los días
sin encontrar mi reflejo
en tu mirada, tranquila,
límpida.
Que no pasen los meses
sin abrazarte,
sentir el color subir
por mis mejillas
entre tus brazos
y campanillas
titubear tras de mis ojos.

Que no pase ni una hora,
ni un segundo
sin pensarte
como ahora te pienso
mientras intento en vano
atraparte
entre los versos
de este poema.

Me cuesta dormir de seguido,
disfrutar del sueño
sin interrupciones,
entregarme a la noche,
dejarme ir y abandonarme
a la oscuridad envolvente.

Me desvelo y una parte
de mí
regresa a la vida
consciente,
mientras
mi otra mitad
continúa habitando
el mundo de las sombras.

Durante el día
no logro reunir
mi yo completo.
Siento
como si algo quedara
sin retornar,
del otro lado preso.

Cansada y aturdida
mi alma procura
con cada atardecer
recuperar,
sin mayor suerte,
alguno de los trozos
que bien sabe
por siempre
perdidos.

Un árbol con las ramas torcidas
tal vez soy.
Mis raíces bien profundas
se extienden bajo tierra
fruto del esmero
de quienes me plantaron.

Ni el viento enrafagado
quiebra mis ramas secas,
ni el implacable sol
consigue, ay, agostarme:
siquiera hay quien de seguro
sepa desde cuándo
mi tronco al cielo yergo.

El paso de las aves,
su ausencia y su llegada,
anuncia el suceder
del tiempo,
del clima y de la vida.

Yo nunca me desplazo,
destino arbóreo el mío

ver cambiar al mundo,
así en permanente quietud
mudo testigo.

Se inclinan sus ramas,
casi rozan el balcón y amenazan
con quebrarse a cada ráfaga
de viento.
Las gotas de lluvia, heladas,
caen sobre su tronco
cavando oquedades
y diminutos
senderos
cuesta
abajo.
No queda ningún
rastro
del verdor
de su follaje:
el estío
es un eco,
tan solo
el sueño
de sus
raíces
encogidas
bajo tierra,
anhelantes

de sol,
de cálidas
caricias,
el invierno ha llegado por fin.

Algún día no estaré
y es ese vacío
del dejar de ser
el que me invade
el alma
en esta noche
de noviembre
de soledad y muerte.

La fría tierra,
la oscuridad completa
y el húmedo silencio
serán la última guarida
cuajada de desolación
y de abandono,
de hojas caídas cubierta
como una otoñal toquilla
mi triste madriguera.
Allá donde la pena
—la mía, la de otros—
jamás podrá rozarme,
el más lejano de los lugares
siempre
y tan presente

que se me antoja
atisbarlo
acaso
en esta noche
de noviembre
de soledad y muerte.

Siento una premonición,
una sombra de duda,
la incertidumbre
que se avecina:
tú y yo frágiles
de muerte
y de consuelo.

Nada habrá de salvarnos
del declive en ciernes,
del final desvarío
de nuestro ocaso
y solo quedará
el recuerdo mudo
de lo que fuimos.

Como un pájaro
en la estación,
como una margarita
tras un cristal.

Como un adulto
con flotador,
como una guerra
sin terminar.

En el espejo,
un rastro de ti.
Tus ojos avisan
que ya no estás.

Y entre mis dedos
esbozo versos
que lanzo al aire
y nadie verá.

Ya sé que nosotros
es una palabra
que se nos quedó grande:
tú te defines
un ser incompatible;
yo me resigno incompleta
en un mundo
que es incapaz
de contenernos a ambos
dentro de un concepto
tan inabarcable
como la primera persona
de un plural no resuelto.

Llueve
el agua cae
melodiosa
casi sin esfuerzo.

Tumbada en el sofá
a solas
bajo la manta
escucho las gotas chocar
contra el balcón,
su tintineo impreciso
casual, perfecto,
y me pregunto
quién más escuchará
este murmullo
como briznas húmedas
de cielo,
si pensará entretanto en alguien
como pienso yo en ti
esta tarde
de impasible lluvia
golpeando insistente
tras los cristales.

La tarde se despide
hasta mañana
la noche acecha
ya le gana la partida
tú miras *nosequé* cosa
en tu tablet
yo trato de encajar
unos versos sin rima
no hablamos
afuera se escucha el trino
de los gorriones
que viene y va
de alguna urraca
dispuesta en su nido
la tarde se despide
nosotros aquí seguimos

Duermevela:
de pronto despierto,
la oscuridad
me envuelve.

Recuerdo
a retazos
algo que viví
en sueños.

Antes de caer
de nuevo
rendida,
sonrío.

Dulce es la noche.

# Índice

Esta edición de *Duermevela*,
de María de la O Merino, terminó de
imprimirse en septiembre de 2025.